AF451964

Ce petit traité des pierres precieuses
est devenu fort rare, Leur Qualitté
y est très Bien designée c'est Sur.
Cet ouvrage en partie que Mr
Bus a donné Son traité
des pierres precieuses

4186 — 172 — P.d Arts

N. 864. 11º.

DENOMBREMENT,

FACVLTEZ ET ORIGINE

DES

PIERRES PRECIEVSES,

Fait par M. L. M. D. S. D.

A PARIS,

Chez ANDRE' BOVTONNE', au Palais, sur le grand Perron de la Ste Chapelle, joignant la petite Porte de Monsieur le Premier President, à la belle Etoille.

M. DC. LXVII.

BIBLIOTHÈQUE DE L'ARSENAL

Réserve — 8°. S. 7444.

DENOMBREMENT,

FACVLTEZ ET ORIGINE

DES

PIERRES PRECIEVSES.

I L y a trente-six sortes de Pierres precieuses, dont les douze premieres sont veritablement Pierres precieuses. Bien que nos anciens donnent le nom de precieuses aux trente-six,

Les douze premieres ex-cellent en dureté & en

beauté, & sont plus requi-
ses & plus en vsage que les
autres. Les noms suiuans
sont ceux par lesquels elles
sont connuës :

Sçauoir,

Diamant.
Escarboucle.
Rubis.
Perle.
Saphir.
Emeraude.
Turquoise.
Topase.
Amethiste.
Hyacinte.
Opale.

Beril, ou Equemarine.

Du Diamant.

LA plus noble de toutes les Pierres precieuses, c'est le Diamant. Les Indiens, au pays desquels naissent les veritables, l'appellent Iraa.

Le Diamant est la plus pure de toutes les Pierres. Il est sans couleur & diaphane, tout ainsi qu'vne eau claire ; car s'il a quelque blancheur, jaunissure, ou noirceur, ce luy est vice & vne defectuosité qui diminuë son prix.

Le propre du veritable Diamant consiste à ce qu'il reçoiue la teinture, qu'il se l'applique & vnisse telle-ment, qu'au lieu que ses rayons brillans en soient ar-restez & retenus, elle ayde à les pousser & d'arder plus loin, cette teinture ne peut estre appliquée à aucune autre des Pierres precieu-ses.

Les Diamans des Indes viennent en façon de Cri-stal, estant façonnez à six angles ou visages, quelquefois en poire & en pointe, & quelquefois il s'en trouue à present de la forme d'vne noisette.

Les Diamans d'Arabie approchent fort du Diamant des Indes , excepté qu'ils sont plus polis & naissent dans les mines d'or. Pline asseure qu'ils souffrent l'enclume & le marteau , & le soustiennent en vn point que le fer & l'enclume tremblent sans les endommager , non plus que s'ils estoient Diamans orientaux ; mais cela n'est point.

Il dit aussi qu'il y en a de six
sortes,

L'Oriental.

D'Arabie,

Celuy que les Grecs appellent Chencron.

Le Diamant de Mace-
doine trouué dans l'or de
Philippaux , pareil à la se-
mence de Concombre.

Le Diamant de Cypre ti-
rant sur la couleur de bron-
ze, est de grande vertu pour
la Medecine.

Le Diamant de Syderitis
est de couleur d'acier ; il est
plus pesant que tous les au-

tres, lequel se laisse rompre au marteau, comme celuy de Cypre. Il degenere du vray Diamant, & n'en a que le nom.

Les Orientaux sont distin-guez par les lieux où ils se trouuent : Les vns sont nommez de la Roche-vieil-le; & les autres de la Roche-neufue. Ils reçoiuent l'vn & l'autre la teinture, ce qui ne conuient pas à aucune autre Pierre precieuse.

Dans Besnager, Prouince des Indes Orientales, il y a deux ou trois Roches qui

portent des Diamans, lef-
quels quelquefois furpaf-
fent le poids de trente-fept
carats.

La Roche ancienne eft
prés du Gouuernement
d'Immadixa, & la grande
debite des Diamans de cette vieille Roche fe fait à Lif-
por Region de Decam ;
ceux du pays les appellent
Nephez.

L'autre Roche ancienne
eft auprés de la mer Sanian
dans Malaca ; les Diamans
en font plus petits ; les
grands naiffent dans la par-

tie inferieure de la Roche.

Rucus asseure que le Diamant en engendre vn autre, & qu'vne Dame Heuerentienne de la famille de Luxembourg, a deux Diamans hereditaires qui en produisent souuent d'autres.

Le Diamant souftient tellement les injures du feu, que bien loin d'en receuoir de l'alteration, que s'il y demeure quelque-temps il en sortira plus net & plus brillant.

Pline écrit, que le Diamant ne souffre ny l'enclu-

me ny le marteau ; mais cela
eſt reconnu faux , puiſque
l'experience nous apprend
qu'ils s'y briſent & s'y met-
tent en farine.

Le Diamant s'amolit &
ſe rend comme limure dans
vn pilon de fer , s'il eſt maſ-
ſeré dans le ſang de Bouc.

Le Diamant échauffé, en
le frottant contre vn autre,
il luy adhere aſſez forte-
ment, & attire des pailles,
tout ainſi que l'ambre.

Pluſieurs ont écrit que le
Diamant eſtant mis ſous la
teſte d'vne femme ſans

qu'elle le sçache ; si elle est fidelle à son mary , le Diamant fait que toute dormante elle l'embrasse ; si elle est adultere & infidelle , elle fuit & a de l'auersion pour les embrassemens.

L'on accorde à la poudre de Diamant vne force si venimeuse, qu'il n'y a point de remede qui puisse empescher ny corriger son venin ; c'est l'opinion de Paracelse.

Le Diamant est reputé contre la peste, les venins, ensorcellemens , enchantemens & terreurs paniques.

Il se moüille en presence du venin, fait la victoire, la constance, & la force d'esprit; il calme la colere, fomente l'amour des maris, & pour ce sujet est appellé Pierre precieuse de reconciliation.

Le Diamant que portoit le Souuerain Pontife des Hebreux nommé *Aaron*, changeoit sa couleur d'air en vne couleur obscure & noire, lors que les Hebreux deuoient estre punis de mort à cause de leurs pechez. Lors qu'ils deuoient

perir de glaiue, il paroiſſoit
ſanglant ; & lors qu'il n'y
auoit point de crimes com-
mis, il brilloit & éclatoit ex-
traordinairement.

Vn Diamant qui peſe
moins de quatre carats, n'a
pas de prix reglé ; ceux qui
peſent plus, gardent con-
ſtamment le prix que j'eſta-
bliray icy juſques à dix carats ; d'où les ſuiuans à me-
ſure qu'ils ſurpaſſent d'vn
carat les precedens , ils les
ſurpaſſent auſſi du nombre
de 1010. car vn bon Dia-
mant d'onze carats vaut

9590. donc vn Diamant de douze carats vaudra (adjouſtant au premier nombre 1010. 10600.) & ainſi en ſuiuant ſa valeur peut croî-tre juſqu'à l'infiny.

Or pour trouuer vne pro-portion de prix , il faut pre-mierement eſtablir le prix d'vn Diamant parfait de tous points, peſant vn grain, quatre grains, valét vn carat.

Le Diamant eſtant reduit en poudre ſert à tailler les autres Pierres precieuſes, & meſme à tailler auſſi vn autre Diamant.

Si l'on met vn Diamant pointu au bout d'vn dard ou d'vne flêche, il penetre facilement les armes.

De l'Escarboucle.

L'Escarboucle a esté appellée par nos anciens, Pyrope, ou Anthraxe ; elle reluit dans les tenebres comme vn charbon.

Pline dit qu'il y en a de masles & de femelles.

Les masles plus acres & plus vigoureux, & les femelles plus languides ; entr'autres il parle de l'Ametheſtizontas , dont le petit feu qui eſt au bord, tire ſur le violent de l'Amethiſte ; apres ceux-là on eſtime les Rubis de Baxos à Barbarie, qui jettent vn feu comme fait Apennes.

Les Calcedoines ſont plus noires à l'aſpect , leur éclat eſtant exposé au feu ou au Soleil paroiſt plus pourprin; elles eſtincellent & s'enfla-ment contre les rayons du Soleil.

Les femelles jettent leur éclat hors d'elles-meſmes. Les Arabiques , couuertes

d'vn

d'vn nuage de fumée sont
semblables aux Chrysolites:
le genre de l'Escarboucle,
c'est à dire, vne Pierre precieuse rouge & diaphane.

Rubis.

LE vray Rubis est vne
Pierre diaphane rayó-
nante & rougissante, teinte
d'vne couleur d'écarlate &
de la Lacque Indique ; son
écarlate tire sur le Synople:
on découure fort peu de
couleur azurée dans le bout
de leur feu ; car si l'on en dé-
couuroit beaucoup, ils se-

roient appellez Balays.

Tout Rubis qui pese plus de vingt carats, & qui se trouue parfait, merite le nom d'Escarboucle.

Les Indiens l'appellent Tozez ou Manea ; les Perses & les Arabes l'apellét Iaciu. Il y a quatre géres de Rubis.

Le veritable est simple-ment appellé Rubis.
Le Rubacelle.
Le Balays.
Et le Spinelle.

Entre lesquels quelques-vns blanchissent & ont fort peu de rougeur, & sont appellez Rubis blancs.

Autres rougiſſent & ſem-
blent vne ceriſe meure.

Les plus nobles croiſſent
dans l'Iſle de Zeylan, & le
plus precieux de tous dans
le Fleuue de Pegu, que les
Habitans éprouuent auec
la bouche & la langue, &
croyent ceux-là meilleurs,
qui ſont plus froids & plus
durs. Ils ont accouſtumé de
naiſtre en vne certaine matiere pierreuſe de couleur
de roſe, que quelques-vns
appellent Rubis balays, lors
qu'elle eſt tranſparante; &

lors qu'elle ne se trouue pas transparente on l'appelle Mere ou Matrice de Rubis. D'abord le Rubis blanchit; apres se nourrissant comme de sang dans cette Matrice, & meurissant petit à petit, il contracte sa rougeur ; ce qui fait que quelquefois on en trouue de blancs , ou qui commencent à blanchir , n'estant pas encore meurs. Ils naissent le plus souuent dans la mesme mine que les Saphirs.

Rodolphe second Empereur auguste, en auoit vn de

la grosseur d'vn petit œuf
de poule, qu'il acheta soi-
xante mil ducats.

Les Autheurs asseurent
que l'Escarboucle ou vray
Rubis estant porté ou beu,
resiste aux venins, preserue
de la peste, bannit la tristesse
& reprime la luxure, con-
serue le corps sans maladie;
& lors que quelques infor-
tunes penetrent sur la teste
de ceux qui le portent, il les
manifeste par le chágement
de sa couleur en vne plus
obscure; & le mal-heur pas-
sée, il reprend son premier

éclat, il eſt accuſé d'acour-
cir le ſommeil, d'agiter &
troubler le ſang ; il fait auſſi
que celuy qui le porte ſe
courrouce facilement.

Le prix du Rubis lors qu'il
excede le poids de dix carats, l'on ſe ſert de la Table
precedente, où le Diamant
a eſté definy.

Quelques-vns contre-
font le Rubis auec de l'orpi-
ment, qu'ils cuiſent dans vn
verre non exactement bou-
ché auec vn feu lent ; & les
morceaux qui adherent au
coſté du verre, (lors qu'ils

font extremément fresles,)
font jettez dans des moules
de cire afin de contrefaire le
Rubis qu'ils imitent exactement.

Le Balays est beaucoup
plus vil que le Rubis.

Le Balays tire sur la lacque
de Florence & le cramoisy,
en sorte qu'il paroist comme vne couleur mélée d'vn
rouge naturel & d'vne
petite portion de couleur
cerulée, de mesme que la
Rose vermeille.

Vn Rubis balays qui pese
vn carat, est estimé dix du-

cats , & celuy qui en peſe deux eſt eſtimé vingt ; & en ſuite ,

Pline ſouſtient que le Rubis Spinelle rougit plus que le Balays, & qu'il eſt la femelle du vray Rubis, la pluſpart tire ſur la couleur du Hyacinthe.

Le Grenat eſt vne eſpece de Rubis; il y en a d'Orientaux , les vns ſont plus noirs que les autres, & portent la couleur d'vn ſang noir & melancholique.

L'autre genre eſt celuy qui porte la couleur du

Hyacinthe, il est appellé des Lapidaires Sorcana. Ceux qui croissent dans Boëme sont exempts de tout defaut, & ne cachent ny vice ny fistule : ils sont plus nobles que les Orientaux, parce qu'ils sont exempts de tous vices & resistent au feu.

La poudre de Grenat desseche notablement estant penduë au col ou beuë : ils resistent à la tristesse, & ne sont pas chers à cause de l'abondance qui s'en vend à Prague.

Les Almandines diſputent
entre le Grenat & le Rubis,
en ſorte qu'elles paroiſſent
des Rubis teints de couleur
plus noire.

Des Perles.

LEs Marguarites, Vnio-
nes, ou Perles, quoy
qu'elles ne doiuent pas eſtre
miſes entre les Pierres precieuſes, d'autant qu'elles ne
naiſſent pas en terre comme
toutes les autres Pierres ;
mais dans le ventre des ani-
maux à coquilles : neant-
moins parce qu'elles ſont

ordinairement de grand prix, de mesme que les Pierres precieuses, j'ay estimé qu'il estoit à propos de faire leur Histoire, apres auoir parlé du Diamant, de l'Escarboucle & du Rubis, ces trois choses ayant accoustumé de tenir le premier rang; les plus nobles se trouuent dans le Golfe Persique.

La Perle se forme dans la coquille par l'humeur aquée de l'animal, laquelle humeur se seche petit à petit, & s'endurcit seulement en certain temps ; ce qui fait

que les coquilles sont enue-
loppées de diuerses peaux.
La premiere est dessous,
estant seche auant qu'vne
autre y soit vnie & conge-
lée dessus ; & lors que cette
humeur ne peut estre pous-
sée & jettée par l'animal
qui est maladif, & qu'elle
demeure dans le corps, elle
s'y seche & fait le commen-
cement de la Perle, laquelle
par succession continuelle
d'vne nouuelle humeur, se
seche autour & croît, &
se grossit par de nouuelles
peaux, & enfin se conuertit

en Vnion : l'on reconnoiſt facilement les coquilles qui portent des Perles , lors qu'elles ſont éleuées en boſ-ſes inégales & defectueu-ſes, elles portent des Perles, & dans les coquilles qui ſont vnies on ne doit point eſperer d'en trouuer. Il ſe trouue auſſi des Perles en Boheme, en Eſcoſſe & en Sileſie : il s'en trouue en Fri-ze dans des Huitres vulgai-res ; mais elles ſont fort pe-tites. Les Orientales ſont éclater vne blancheur & vn iour d'argent , au lieu que

toutes les autres s'en font
paroiſtre vn de laict : la plus
grande fut celle de Cleopa-
tre, laquelle elle auala apres
l'auoir fait diſſoudre dans le
vinaigre, pour faire paroî-
tre qu'elle auoit feſtiné Anthoine plus precieuſement,
qu'Anthoine ne l'auoit trai-
tée ; elle eſtoit eſtimée deux
cens cinquante mille écus
d'or.

Pluſieurs Autheurs ont
écrit que les Coquilles me-
res des Perles ont vn Roy,
ainſi que les Abeilles, & que
le Roy eſtant pris il eſt aisé

de prendre facilement les
autres qui le ſuiuent, & qui
ne veulent pas ſe ſeparer de
ſa compagnie. Quand les
Perles ſont vieilles elles jau-
niſſent ; & pour rendre la
blancheur aux jaunes, il leur
faut oſter la premiere peau à
l'eſprit de vitriol : On ſe ſert
auſſi de la poudre d'albatre,
du corail blanc ou tartre
blanc, les faiſant deuorer
aux colombes l'on fait le
meſme effet, eſtant enſeue-
lis dans du millet moulu
groſſierement auec du ſel
on fait le meſme effet. Leurs

taches s'effacent à la rosée
de May, les laiſſant vn iour
entier ſur des feüilles de lai-
tuës.

Les Perles fortifient le
cœur & les eſprits vitaux,
reſiſtent aux venins, à la
corruption & à la ſyncope,
elles corrigent le lait des
femmes & le font venir.

Les Perles en forme de
poire ou bien rondes eſtant
groſſes, ſont d'vn prix con-
ſiderable. Il faut que les
Perles rondes ſoient bien
percées, leur beauté conſi-
ſte donc eſtant rondes, en

leur

leur grosseur , leur blancheur sans tache, & en leur
trou petit dans leur veritable milieu. Lors qu'elles ont
des bosses , elles n'approchent pas le quart des rondes.

Si vne Perle pesant vn carat vaut dix écus , pesant
quatre carats il faut multiplier quatre par soy.mesme,
& le produit sera seize ; cette regle sert pour les Perles
qui pesent moins de douze
carats ; celles qui en pese-
ront dauantage , il faudra
multiplier le prix par eux-

mesmes, en y adjoustant la valeur d'vn carat de plus.

Du Saphir.

LE Saphir porte ce nom dans toutes les Na-tions, à la reserue des Indes, où l'on l'appelle Nilas.

Il est de couleur bleuë, claire ; on n'y découure aucune rougeur comme en l'Amethiste. Il y en a de blanchastres, qui sont les masles, & ceux qui sont d'vn bleu fort sont les femelles.

Quand ils sont blancs, ils

sont appellez Saphirs blãcs,
& ressemblent fort aux Diamans.

Les Orientaux sont les
plus considerables, les plus
petits se trouuent dans le
Royaume de Pegu. Le ve-
ritable Saphir est tellement
dur qu'il repousse la lime,
& ne se laisse pas grauer ; sa
couleur s'efface dans le feu,
& prend celle du Diamant ;
la poudre de Saphir desseche les humiditez des yeux,
attire les ordures que l'on y
peut auoir, & les preserue
de la petite verole.

Le Saphir porté par vne
personne impure & aimant
les femmes, perd son éclat,
& trahit son maistre facilement, l'adultere & le forni-
cateur.

Le Saphir tient le quatriéme rang apres le Diamant,
le Rubis & la Perle.

De l'Esmeraude.

DE toutes les Pierres
precieuses verdoyan-
tes, il n'y en a point de plus
verdoyante que l'Emerau-
de; elle est lucide & diaphane, & fortifie & recrée tel-

lement la veuë, que tous
ceux qui peuuent en auoir
en deuroient porter. Epifa-
mius l'appelloit Prasine Do-
miciane , ou Neromane ;
parce qu'vn certain Neron
grand Sculpteur de Pierres
precieuses , trouua le premier l'vsage de l'Emerau-
de.

Les genres d'Emeraudes
sont de douze sortes, & re-
duites presentement à deux,
Orientales & Occidentales.
Les Schytiques surpassent
toutes les autres en dureté :
les Orientales ont vne gaye

verdure , qui reprefente la beauté riante des prez : ce font les meilleures pour la veuë, plufieurs croyent que l'Emeraude naifle dans le Iafpe, comme le Rubis dans le Rubis balays.

Les Occidentales paroif-fent plus mornes & jettent moins de rayons ; eftant mi-fe en poudre & beuë, elle arrefte la diffenterie , elle empefche le mal caduque; & lors que le mal eft trop fort l'Emeraude fe brife, el-le eft fujette à eftre endom-magée par l'attouchement

des autres Pierres precieuses. Neron souftient qu'il
vid dans vne Emeraude vn
grand combat de gladia-
teurs. Les belles Emerau-
des fe rompent dans la de-
floration des vierges.

Vne Emeraude parfaite,
eft prefque autant eftimée
qu'vn Diamant.

Le Smaragdite, que les
Italiens appellent Prafma,
paffe pour la mere de l'Emeraude.

Le different qu'il y a entre l'Emeraude & fa pre-
tenduë mere, c'eft qu'il pa-

roiſt du jaune mélé ; on y
voit des petites nuées con-
fonduës, on y voit vn peu
de rouge , de blanc, & du
noir mélé. Il s'en trouue en
Boheme quantité ; c'eſt vne
pierre vile & de petit prix,
ſa faculté eſt de perdre ſa
verdeur en la preſence du
venin.

Le Sinaraydopraſe eſt en-
core vne eſpece d'Emerau-
de, rayonnant vn peu , &
n'ayant d'autres qualitez
que de prouoquer l'vrine
lorsqu'elle eſt liée au bras.

De la Turquoise.

ENtre les Pierres pre-
cieuses opaques, la
Turquoise est la plus precieuse; elle est composée de
vert & de bleu; les belles
sont d'vn vert de gris, ou
d'vn bleu pasle. Il y en a
d'Orientales & d'Occiden-
tales; l'Orientale tire plus
sur le bleu que sur le vert, &
l'Occidentale tire plus sur le
vert & blanc. Les Orientales sont distinguées par la
Roche ancienne & la nou-
uelle: celles de la Roche an-

cienne conseruent bien plus
leur couleur que les autres;
on dit qu'elle attire sur soy le
mal qui doit arriuer à celuy
qui la porte. Lors qu'il arri-
ue vn grand accident à son
maistre , elle le denote par
son changement de cou-
leur ; & lors que l'accident
est passé, elle reprend la premiere.

Les plus belles sont celles
qui monstrent la verdeur
agreable du bleu délaué par
vne couleur de lait.

De la Topase ou Chrysopase, qui aujourd'huy est appellée Chrysolyte.

LA Topase est vne Pierre precieuse, quand elle jette vn éclat d'or ; on l'appelle Chrysopase, maintenant l'vne & l'autre portent le nom de Chrysolite.

La Topase selon Pline, a pris son nom de Iuba Roy de Mauritanie, qui le premier la trouua dans l'Isle de Citis d'Arabie. La Topase endure la lime, elle reprime les eruptions de sang, & empefche vne playe de feigner dauantage. Les veritables Topafes font des Pierres precieufes de couleur d'or, & fans difficulté doiuent eftre comptée entre les Chryfolites des anciens.

Les Orientales font dures & confiderables ; les autres font celles qui fe trouuent en Europe, qui ne font pas plus dures que le chryftal ; il ne faut point qu'elles foient trop jaunes ny trop pafles. Elles font bonnes contre la melancolie, & empefchent les fonges fafcheux.

De l'Amethiste.

L'Amethiste est de couleur violette, qui émane de la confusion de la couleur rouge & bleuë. Il s'en trouue dans les Indes qui tirent sur la couleur du vin clairet ; celles, qui dans leur pourpre portent vn iour & éclat de Rose. Les Cartagenes sont les plus estimez de toutes les Orientales, parce qu'elles sont les plus dures: Les Allemans tiennét qu'étant portées, elles empeschent l'yurognerie, & cette proprieté paroiſt indiquée par la couleur du vin dont elle eſt reueſtuë, comme ſi elle portoit cette couleur pour caractere de ſa faculté. Pour attirer la vapeur du vin & diſſiper les fumées, l'on tient qu'il la faut mettre ſur le nombril.

Du Hyacinthe.

LEs Hyacintes, parce qu'elles portent vn jour rouge & jaune, qui imite les flâmes du feu, ſont rapportées au genre de l'Eſ-carboucle ; elles approchent

de la couleur du Grenat Bo-
hemien , plus délauée &
fans aucun mélange de
noirceur ; celles de cette forte font preferées aux autres.
Il y en a qui ont du rapport
à la couleur de l'ambre , excepté qu'elles ne tirent pas
la paille : celles-là font les
plus viles de toutes ; les plus
nobles fe trouuent dans Ca-
lecut en Orient ; elles pro-
uoquent le fommeil , ac-
croiffent les richeffes , &
deffendent du foudre celuy
qui les porte ; elles font du
prix du Grenat.

De l'Opale.

Dans l'Opale il y paroiſt differentes couleurs; l'on y en voit approchant du feu de l'Eſcarboucle, la pourpre éclatante de l'Amethiſte, la mer verdoyante de l'Emeraude; elle ne peut eſtre contrefaite comme les autres Pierres precieuſes. L'on découure dans l'Opale le bleu, la pourpre, le vert, le iaune, le rouge, & quelquefois l'on y voit auſſi du noir & du blãc. Toutes ces couleurs ne reſi-

dent

dent dans la Pierre precieuse ; parce que rompant l'O-
pale elles s'éuanouyssent, à
cause que toutes ces cou-
leurs naissent seulement de
la reflexion d'vne ou de
deux couleurs ; les Italiens
l'appellēt Girasol, ou Scam-
bia, il y en a de quatre sortes.

La premiere, qui est la
plus parfaite est Diaphane,
sans receuoir interieuremēt
aucun corps Opaque, &
imite l'Iris par sa couleur
jaune, rouge, verte, bleuë
& pourpre.

La seconde sorte est noire,

& tient de feu de l'Efcarboucle.

La troifiéme forte a diuer-
fes couleurs tirant fort fur le
blanc.

La quatriéme eft appellée
fauffe Opale, elle eft diaphane & femble aux yeux de
poiffons ; elle conferue peu
de couleur bleuë, & eftant
oppofée à la lumiere elle la
renuoye.

L'œil de Chat eft vne
efpece de fauffe Opale ;
dans les Roches d'Hon-
grie on y trouue des Opa-
les de la premiere forte,

c'eſt vne pierre molle.

Les Opales ont les facul-
tez de toutes les autres Pierres, comme elles en ont les
couleurs. Nouius Senateur
Romain, ayma mieux eſtre
priué du Conſulat, que de
donner ſon Opale à An-
thoine qui la luy auoit fait
demander.

Du Beril ou Equemarine.

C'Eſt vne Pierre pre-
cieuſe qui porte la
couleur verte bleuë de la
mer, on l'appelle autrement
Aqua-marina ; ces Pierres

sont transparantes , & ont
vne couleur de l'eau ; si elles ont vne couleur forte, on
ne les peut appeller Berils.
L'eau exprime sa couleur,
estant jointe d'vne fort petite quantité de couleur verte. Les plus parfaits imitent
la verdure d'vne mer pure.
Les Berils naissent prés de
la Montagne nommée Tau-
rus , au riuage d'Euprate.

Les Chrysoberils sont vn
peu plus passes, & tirent sur
la couleur d'or.

Le Beril estant porté di-
uertit les embusches de nos

ennemis. La poudre du Be-
ril est bonne pour le mal des
yeux. Le prix des Berils &
celuy des Topases Orientales sont égaux.

De l'*Asterie ou Pierre pre-cieuse du Soleil, que les Italiens appellent Gi-rasol.*

CEtte Pierre est plus
dure que l'Opale ; &
estant opposée au Soleil, elle en represente l'Image, &
est semblable à vne estoille :
& pour cét effet, on l'appelle Asterie ; cette Pierre

precieuſe eſt tranſparante, elle reſſemble au Chryſtal ; mais elle eſt beaucoup plus dure : celles qui viennent du Royaume de Raſigud, ſont plus conſiderables que celles des Indes , elles portent au ſommeil.

De l'œil de Chat.

C'Eſt vne ſorte d'Opale, bien plus dure ; elle repreſente l'Image d'vn œil peint ; l'Italien l'appelle bel Occhio, parce que c'eſt vne eſpece d'Onix , elles viennent de Gramea. Les richeſ-

ſes d'vn homme qui porte
vne de ces Pierres augmen-
tent touſiours, ou du
moins demeurent en l'eſtat
où cette Pierre les trouue.

DE la Sardoine.

LA Sardoine eſt vne
Pierre demy opaque:
Ce fut la premiere Pierre
precieuſe qui fut miſe ſur
le rational d'Aaron ; on
l'appelle auſſi Carneole,
parce qu'elle reſemble à
vne chair ſaigneuſe, elle
eſt offuſquée d'vne petite
couleur obſcure, elle vient

D iiij

d'Orient, estant touchée contre les cheueux : elle attire la paille comme l'aymant fait le fer, on dit qu'elle aiguise l'Esprit.

De la Sardonixa ou Ca-mahu.

C'Est vne Pierre composée de la Sardoine & de l'Onix, elle est peinte le plus souuent de couleur sanguine, blanche & noire, celles qui sont priuée de couleur de chair ne portent pas le nom de Sardoine. Les plus belles font Orientales, & ne font gueres qu'à faire des Cachets ou Chapelets.

Du Calcedoine.

PLine met les Calcedoines entre les genres de Rubis : Il affeure qu'ils font plus noirs à regarder, & paroiffent plus obfcurs que l'Efcarboucle. C'eft vne Pierre à demy tranfparante, teinte de couleur legere & nuageufe : Il refifte à la graueure à caufe de fa dureté. C'eft vne efpece d'Onix. Pline

souſtient qu'il y à le masle
& la femelle : le masle a
comme des eſtoiles em-
braſées, & les femelles
iettent leur eſclat hors
d'elles. Les plus belles ſont
les Orientales : elles ſont
vtiles contre l'enroüeure,
à cauſe qu'elle rend la voix
plus claire ; les Vaſes mir-
rhains dont ſe ſeruoient
les Romains & dont ils
faiſoient grand eſtat é-
toient de Calcedoine.

De l'Onix.

L'Onix en Grec veut
dire vn ongle, dont

le nom luy a esté baillé
à cause que cette Pierre
ressemble vn ongle d'hom-
me, elle est opaque com-
posée le plus souuent d'vne
couleur blanche & noire.
On l'appelle ordinairement
Camheiua ; de cette Pierre,
on fait des statuës. Celles
qui tirent tant soit peu sur
le bleu sont considerables.

De l'Agathe.

L'Agathe approche de
l'Onix par sa force &
par ses couleurs : l'Onix a
des Ondes, l'Agathe a plu-

sieurs tignes, ou tasches de diuerses couleurs. Dans l'Agathe de Pyrrhus, on voyoit les neuf Muses & Apollon tenant son Luth: & les Muses y estoient si bien dépeintes, que l'on pouuoit facilement discerner, celles en particulier, qu'elle representoit.

L'Agathe differe du jaspe, par la dureté & polissure.

Le jaspe est plus mol & côposé d'vne matiere crasse: Il semble auoir quelque chose de poudreux dedans foy ; c'est la difference qu'il y à entre l'Agathe & le jaspe.

Les plus belles viennent des Indes. Plusieurs ont escrit, qu'elles estoient bonnes contre les morsures des Serpents & Scorpions : on dit que l'Aigle pour defendre ses petits des oiseaux venimeux, met vne Agathe sur son nid, lors qu'elle va à la chasse.

Du jaspe.

LE jaspe ne differe gueres de l'Agathe. Lors

qu'il tire ſur le vert, il eſt
plus noble. Le jaſpe rouge
arreſte le flux de ſang : le
jaſpe vert eſtant pendu au
col, empeſche le vomiſſe-
ment.

De L'heliotrope.

PLine dit qu'eſtant iet-
tée dans vn vaſe plein
d'eau, elle rend les rayons
du Soleil ſanguins par ſa
reuerbation, il faut qu'elle
ſoit Ethiopique. C'eſt vne
Pierre precieuſe verte, di-
ſtinguée de points ou vei-
nes de ſang ; lors qu'elle eſt

à moitié tranſparante ; elle
conſerue ce nom, & lors
qu'elle eſt opaque on l'appelle jaſpe ; l'on tient qu'elle
empeſche que celuy qui la
porte ne ſoit veu : mais cette
faculté eſt apogrife ; il empeſche la generation de la
Pierre.

De la Pierre Nepretique.

ELle eſt teinte d'vne
couleur ſeulement, &
ce qui en reſulte , n'eſt
qu'vn peu de noir & de
blanc. Les Italiens l'appellent Oſiada, à cauſe qu'elle

guerit de la colique celuy qui la porte, elle fait ietter force fable à celuy qui eft attaqué de la Pierre : elle eft plus rare que le jafpe ny l'Agathe.

De la Malachite.

LA Malachite eft rap-porté aux efpeces du jafpe ; elle eft opaque & verte comme la mouffe dont elle tire fon nom : elle deffend du Tonnere celuy qui la porte, & empefche les peurs de la nuit.

BIBLIOTHEQUE DE L'ARSENAL

de la

De la Pierre d'Azur.

C'Est vne Pierre opaque qui approche de la couleur de Saphir, marquetée de petits points d'Or, ou de petites Flâmes. Elle approche de la Pierre Armenienne : Elle est differente en ce que celle-cy est moins dure.

La Pierre Armenienne qui se trouue dans les Mines d'Or, semble en estre la Mere : parce qu'elle ne semble differer de l'Or, que par la coction. La poudre de la

E

Pierre d'Azur ou Scianox,
chasse la melancolie.

De la Pierre Stellaris.

ELle est appellée Stella-
ris, parce qu'elle con-
tient les formes de plusieurs
petites Estoiles. Elle est
Opaque de couleur blan-
che, sombre ou grise. Cette
Pierre estant baignée dans
du vinaigre, se meut &
s'agiste de costé & d'autre.
Elle empesche l'Apoplexie.

De la Pierre de Crapau.

C'Est vne Pierre Opa-
que rouge, qui est le

crane d'vn Crapau. Plusieurs ont écrit que c'estoit la Pierre du Tonnere. Elle est tres-vtile pour découurir le venin. On dit qu'estant approchée d'vne partie venimeuse, elle suë & iette des gouttelettes.

Du Corail.

LE Corail est rouge & vermeil, & semble à vne racine. Il est de couleur de Cerise. Il y en a de rouge, de blanc, de noir, de vert, & de sombre. Le Vermeil est preferé aux autres, &

retient le nom de maſle: celuy qui paſlit, porte le nom de femelle. Le Corail a la faculté de déſeicher & de rafroidir. Celuy qu'vn homme porte rougit, & celuy qu'vne femme porte paſlit. L'Arbriſſeau de Corail croit de hauteur d'vn homme auant que de rougir. Dans l'Iſle Tabaco ſe trouue quantité de Corail.

De l'Ambre.

L'Ambre eſt vne eſpece de Bitume, ou vn Suc condensé par la froidure &

salure de la Mer. L'Ambre
estant approché du feu
senflâme , estant frotté attire la paille. L'Ambre blanc
est le plus pretieux de tous.
L'autre est jaune de mesme
que l'Or : & est d'ordinaire
transparãt. Toutes les sortes
d'Ambres se peschent dans
le creux des Indiens & dans
la Mer Borussique. Il s'en
trouue aussi dans la Mer
Baltique. Le naturel de
l'Ambre est que l'approchãt
du feu, il brusle comme du
vieux Pin. Des Poëtes ont
écrit que les larmes de l'A-

nimal Linx se changent en Ambre. l'Ambre est amy du cœur, & empesche le vertige du Cerueau. Il prouoque les mois retenus.

De la Pierre de Bezoard.

Elle prend son nom du mot Pazan ou de Beluzaard, qui veut dire en Hebreu maistre du venin: sa forme est de roignon, ou de chastaigne, elle est tousiours émoussée. Elle est de couleur de fuméc, de couleur d'Azur ou d'vn vert tirant sur le noir. Elle a ſes tuniques comme vn oignon : au milieu de la Pierre on y trouue vne herbe ou fragment de paille. On la trouue en Perſe : elle eſt de grand prix : elle s'engendre dans le corps d'vn animal. C'eſt ordinairement dans vn Bouc de Perſe, ou dans vn Chevreau cerf. Cette Pierre excite la ſueur : elle eſt amye du cœur : elle éteint le venin des fiévres & Peſtes.

F I N.

BIBLIOTHEQUE DE L'ARSENAL

www.ingramcontent.com/pod-product-compliance
Lightning Source LLC
LaVergne TN
LVHW022308170726
843503LV00006B/2386